Η ΤΕΧΝΗ ΤΗΣ ΕΠΙΧΕΙΡΗΜΑΤΟΛΟΓΙΑΣ

Αναπτύξτε την αίσθηση της ανταπόκρισής σας για να έχετε πάντα τον τελευταίο λόγο

Η ΤΕΧΝΗ ΤΗΣ ΕΠΙΧΕΙΡΗΜΑΤΟΛΟΓΙΑΣ

Αναπτύξτε την αίσθηση της ανταπόκρισής σας για να έχετε πάντα τον τελευταίο λόγο

γραμμένο από Benjamin Fléron
μεταφρασμένο από Lina Sideris

Η ΤΕΧΝΗ ΤΗΣ ΕΠΙΧΕΙ-
ΡΗΜΑΤΟΛΟΓΙΑΣ

- **Προβλήματα;** Πώς να κερδίσετε μια λεκτική αντιπαράθεση χρησιμοποιώντας την κατάλληλη ανταπάντηση στον σωστό τόνο;

- **Γιατί;** Να δώσει στον εαυτό του τα εργαλεία για να υπερασπιστεί τις απόψεις του, να προωθήσει τον εαυτό του και να διατηρήσει την επαγγελματική του αξιοπιστία.

- **Επαγγελματικό πλαίσιο?** Ανθρώπινοι πόροι, προσωπική ανάπτυξη, επαγγελματικές σχέσεις.

- **ΣΥΧΝΕΣ ΕΡΩΤΗΣΕΙΣ?**

  - Γεννηθήκαμε με την "αντιπαλότητα στο αίμα μας";

  - Μπορεί κάποιος να είναι καλός στο να αντιμιλάει;

  - Ποια είναι η διαφορά μεταξύ ενός καλού και ενός κακού αντιλόγου;

  - Ποιες συμπεριφορές πρέπει να υιοθετήσω για να εξασφαλίσω τις μέγιστες πιθανότητες επιτυχίας;

  - Ποια είναι τα οφέλη από την ανάπτυξη των επικοινωνιακών μου ικανοτήτων;

  - Πώς μπορώ να βελτιώσω τις αντιδράσεις μου;

  - Ένας συνάδελφος με πειράζει συχνά για την εμφάνισή μου, πώς μπορώ να απαντήσω;

  - Πώς μπορώ να απαντήσω στο αφεντικό μου χωρίς να διακινδυνεύσω να τον αποξενώσω;

Είτε μετά από μια έντονη συζήτηση με συναδέλφους, είτε μετά από μια καυστική παρατήρηση από τον εργοδότη σας είτε μετά από μια συνέντευξη για δουλειά, μπορεί να έχετε βρεθεί να σκέφτεστε: "Γιατί στο διάολο δεν το είπα αυτό;". Όμως, είτε πρόκειται για μια αιχμηρή ανταπάντηση για να πιάσετε το θέμα, είτε για μια ρητορική υπεκφυγή για να αποφύγετε μια αμήχανη ερώτηση, είτε για έναν χιουμοριστικό τρόπο να εκτονώσετε μια τεταμένη κατάσταση, η απάντηση είναι προφανής μόνο όταν η μάχη έχει τελειώσει - και συχνά είναι χαμένη. Απογοητευμένος που δεν μπόρεσες να υπερασπιστείς τον εαυτό σου όσο καλά θα ήθελες, ταπεινωμένος που σε ξεφτίλισαν δημοσίως χωρίς να ξέρεις πώς να αντιδράσεις, περιορίζεσαι στη συνέχεια στο να βάλεις κατά του εαυτού σου και της καταραμένης έλλειψης αντιλογίας σου. "Μακάρι να μπορούσες να μάθεις να το κάνεις αυτό", λες. Αλλά ποιος λέει ότι δεν μπορεί;

Αντίθετα με ό,τι μπορεί να πιστεύουν ακόμη κάποιοι, η αίσθηση της ευθυμίας δεν είναι κάτι έμφυτο. Δεν είναι μια ευλογία με την οποία λίγοι προνομιούχοι γεννιούνται ως εκ θαύματος, ούτε υπάρχει γονίδιο αντιλογίας στο DNA μας. Γιατί, λοιπόν, κάποιοι άνθρωποι μπορούν πάντα να βρουν τη σωστή ατάκα με τη μεγαλύτερη ευκολία, ενώ άλλοι πέφτουν αναπόφευκτα στο κενό όταν προσπαθούν να είναι πνευματώδεις; Συχνά, απλώς δεν έχουν την ίδια ιστορία ζωής. Οι λόγοι για τους οποίους αντιδρούν διαφορετικά στον ίδιο τύπο κατάστασης μπορεί να έχουν πολύ διαφορετικές βάσεις: το περιβάλλον στο οποίο μεγάλωσαν και εξελίχθηκαν, οι εμπειρίες που έζησαν, οι συναντήσεις που έκαναν ή ακόμη και η πιθανή εκπαίδευσή τους για να αναπτύξουν και να βελτιώσουν σιγά-σιγά την αίσθηση της αντιπαλότητας.

Η εκμάθηση αυτής της τέχνης δεν προορίζεται για μια ελίτ ή για ορισμένους τύπους ατόμων. Ο καθένας μπορεί να αποκτήσει ρητορικές δεξιότητες, αν έχει τη θέληση να το κάνει, για παράδειγμα μαθαίνοντας να ελέγχει τα συναισθήματά του, μαθαίνοντας να αυτοσχεδιάζει, διευρύνοντας το λεξιλόγιο και το ρεπερτόριο των ατάκες του ή αντλώντας έμπνευση από τους μεγάλους ειδικούς στο αντικείμενο. Έτσι, είτε είστε εσωστρεφής είτε εξωστρεφής, είτε έχετε μακρά εκπαίδευση είτε όχι, είτε είστε από εδώ είτε από εκεί, μπορείτε κι εσείς να γίνετε ειδικός στη ρητορική, επαγγελματίας στο καυστικό χιούμορ και ειδικός στην αντεπίθεση, αρκεί να κάνετε την απαραίτητη προσπάθεια. Οπότε τέρμα οι δικαιολογίες, προχωρήστε!

ΤΑ ΒΑΣΙΚΑ ΤΗΣ ΑΝΤΙΠΑΛΟΤΗΤΑΣ

ΠΟΙΑ ΕΙΝΑΙ Η ΧΡΗΣΙΜΟΤΗΤΑ ΤΟΥ ΣΤΟΝ ΚΟΣΜΟ ΤΗΣ ΕΡΓΑΣΙΑΣ;

Αν και είναι χρήσιμη σε πολλές καθημερινές καταστάσεις, η αίσθηση της ευθυκρισίας μπορεί να είναι ιδιαίτερα πολύτιμη και ωφέλιμη στον εργασιακό χώρο. Σκεφτείτε τον υπάλληλο που πνίγεται κάτω από ένα σωρό φακέλους και ο οποίος, από φόβο μήπως χάσει τη δουλειά του προσβάλλοντας το αφεντικό του, δεν τολμά να πει τίποτα όταν το τελευταίο του αναθέτει άλλη μια αποστολή- σκεφτείτε τον υποψήφιο για εργασία που είναι τόσο ικανός, αλλά δεν τον καλούν ποτέ ξανά, επειδή χάνει τα νεύρα του όταν ένας υπεύθυνος προσλήψεων τον πιέζει στα όρια. Ή σκεφτείτε το αφεντικό που χάνει τον έναν πελάτη μετά τον άλλο επειδή δεν μπορεί ποτέ να δικαιολογήσει γιατί οι διάφοροι φάκελοι καθυστερούν. Ή αναρωτηθείτε πώς αισθάνεται ο συνάδελφος όταν είναι υπεύθυνος για μια σημαντική παρουσίαση και δυστυχώς τραυλίζει μια λανθασμένη απάντηση σε μια ερώτηση του προϊσταμένου του. Όλοι αυτοί είναι άνθρωποι που δεν θα βρίσκονταν σε τόσο άσχημη θέση αν είχαν αναπτύξει την ευθυκρισία τους.

Η βελτίωση της δημόσιας ομιλίας και των δεξιοτήτων αυτοσχεδιασμού έχει πολλά επαγγελματικά οφέλη, και τα επακόλουθα μπορούν να είναι εξαιρετικά ευεργετικά για την καριέρα και την ευημερία σας στην εργασία. Για παράδειγμα, μαθαίνοντας να απαντάτε έγκαιρα σε προκλήσεις και ευαίσθητες ερωτήσεις, θα είστε πιο άνετοι όταν πρόκειται να:

- να παρουσιάζετε σε μεγάλο ακροατήριο, είτε πρόκειται για πελάτες, είτε για συναδέλφους, είτε για φορείς λήψης αποφάσεων. Δεν θα φοβάστε πλέον τα σχόλια ή τις ερωτήσεις, επειδή θα έχετε πάντα την κατάλληλη απάντηση στα χέρια σας,

- για να δικαιολογήσει μια καθυστέρηση ή ένα λάθος. Ανεξάρτητα από το αν φταίτε εξ ολοκλήρου ή όχι, πάντα θα βρίσκετε έναν τρόπο να βγείτε από μια τέτοια κατάσταση,

- Δεν θα είστε πλέον ένας ανώνυμος και αόρατος υπάλληλος, που θα συνθλίβεται από ισχυρές προσωπικότητες. Δεν θα είστε πλέον ένας ανώνυμος και αόρατος υπάλληλος, που θα κατακλύζεται από τις ισχυρές προσωπικότητες, αλλά ένα πλήρες μέλος της εταιρείας και ένα σημαντικό μέρος της καθημερινότητάς της,

- να εδραιώσετε την εξουσία σας και να κερδίσετε τον σεβασμό των υφισταμένων σας χωρίς να χρειάζεται να το παίξετε τύραννος. Ένα αφεντικό ή προϊστάμενος που δεν ξέρει πώς να επιβληθεί ως ηγέτης χωρίς να εμπνέει φόβο στους υφισταμένους του δεν θα εκτιμηθεί και θα εγκαταλειφθεί γρήγορα από αυτούς σε περίπτωση σκληρού χτυπήματος,

- να περάσετε μια συνέντευξη για δουλειά και να περάσετε τα τεστ άγχους που πιθανόν να σας υποβάλουν οι υπεύθυνοι προσλήψεων. Διατηρώντας την ψυχραιμία σας σε όλες τις περιστάσεις, θα πείσετε ευκολότερα τους υπεύθυνους προσλήψεων ότι είστε το καλύτερο άτομο για τη θέση εργασίας,

- για να εξασφαλίσουν επιχειρήσεις από δυνητικούς πελάτες. Εάν μπορείτε να απαντήσετε σε όλες τις ερωτήσεις τους και να τους καθησυχάσετε για τις ανησυχίες τους, γιατί να μην σας επιλέξουν για να φροντίσετε τα συμφέροντά τους;

Αυτά είναι μερικά μόνο από τα πιθανά επαγγελματικά οφέλη που μπορούν να προκύψουν από μια οξυμένη αίσθηση της αντιπαλότητας. Αλλά για όσους μαθαίνουν αυτή τη λεπτή αλλά πολύτιμη τέχνη, τα οφέλη μπορούν να γίνουν αισθητά και στην καθημερινή ζωή, μέσω της αυξημένης αυτοπεποίθησης, της νεοαποκτηθείσας γαλήνης, της ευκολότερης κοινωνικότητας κ.λπ. Συνεπώς, θα ήταν λυπηρό να στερηθεί κανείς τη μάθησή του.

ΤΙ ΕΙΝΑΙ Ο ΚΑΛΟΣ ΛΟΓΟΣ;

Αλλά πριν προσπαθήσετε να κατακτήσετε τις δεξιότητες μιας καλής ανταπάντησης, είναι σημαντικό να θέσετε στον εαυτό σας αυτό το θεμελιώδες ερώτημα, επειδή η απάντηση δεν είναι τόσο προφανής όσο φαίνεται: πρέπει μια καλή ανταπάντηση να είναι επιθετική και να στοχεύει στο να καρφώσει τον αντίπαλο; Δεν λειτουργεί εξίσου καλά μια πιο ήπια απάντηση που ηρεμεί έναν νευρικό συνομιλητή και καταπνίγει μια πιθανή σύγκρουση; Τέλος, τι θα λέγατε για ένα χιουμοριστικό γύρισμα που παρακάμπτει έξυπνα μια ενοχλητική ερώτηση; Ποια από αυτές τις συμπεριφορές θα πρέπει να προτιμηθεί;

Η αλήθεια είναι ότι δεν υπάρχει ένας τύπος αντιφώνησης που να είναι καλύτερος από έναν άλλο, που να μπορεί να χρησιμοποιηθεί σε όλες τις περιστάσεις, ούτε υπάρχει μια μαγική φόρμουλα ή μια θαυματουργή συνταγή που να είναι πάντα αποτελεσματική. Είναι μια κοινοτοπία, αλλά στο τέλος, η σωστή απάντηση είναι αυτή που πιάνει! Σε ποιους παράγοντες θα πρέπει να βασιστείτε για την επιλογή του καταλληλότερου αντανακλαστικού;

ΠΑΡΑΓΟΝΤΕΣ ΠΟΥ ΠΡΕΠΕΙ ΝΑ ΛΗΦΘΟΥΝ ΥΠΟΨΗ

- Η θέση και η προσωπικότητα του συνομιλητή σας

Φυσικά, δεν θα αντιδράσετε με τον ίδιο τρόπο σε έναν συνάδελφο που γνωρίζετε εκ των έσω και ο οποίος έχει την ίδια ιεραρχική θέση με εσάς, ή στον νέο σας εργοδότη, τον οποίο μόλις αρχίζετε να γνωρίζετε και στον οποίο είστε υπόλογοι. Πρέπει να λάβετε υπόψη σας την προσωπικότητα του προσώπου που έχετε απέναντί σας: το γεγονός ότι αναφέρεστε απευθείας σε αυτόν τον διευθυντή δεν σημαίνει ότι δεν θα είναι δεκτικός σε μια ειλικρινή και άμεση παρατήρηση. Ακολουθώντας αυτή τη λογική, δεν αντιδρούν όλοι με τον ίδιο τρόπο σε διαφορετικούς τύπους χιούμορ: δύο συνάδελφοι μπορεί να αντιδρούν διαφορετικά στα ευγενικά πειράγματα- το σκοτεινό χιούμορ θα λειτουργήσει ιδιαίτερα καλά με ένα άτομο, ενώ το ανάλαφρο χιούμορ θα πέσει εντελώς στο κενό με το ίδιο άτομο. Επομένως, είναι σημαντικό να γνωρίζετε πρώτα σε ποιον απευθύνεστε, αν θέλετε να προσαρμόσετε την απάντησή σας.

Ρύθμιση του σκηνικού

Ο Ρόμπερτ, με τον οποίο εργάζεστε μαζί για σχεδόν 10 χρόνια και τον οποίο θεωρείτε φίλο σας, σας πειράζει για τα λίγα κιλά που πήρατε κατά τη διάρκεια των διακοπών. Ο Ρόμπερτ δεν είναι πολύ ψηλός και είναι πολύ αυτοσαρκαστικός, οπότε δεν διστάζετε να του απαντήσετε ότι έχετε κερδίσει τους πόντους σε μέγεθος μέσης που ξέχασε να κερδίσει σε ύψος! Ο Ρόμπερτ γελάει: του άξιζε. Λίγες ώρες αργότερα, ο Ρότζερ, καθόλου ψηλότερος από τον Ρόμπερτ, αλλά πολύ αμήχανος για το ύψος του, κάνει την ίδια παρατήρηση. Προφανώς του δίνετε την ίδια απάντηση, αλλά ο Ρότζερ αντιδρά πολύ λιγότερο καλά από τον Ρόμπερτ και είναι πολύ θυμωμένος μαζί σας. Τέλος, είναι η σειρά του Eric, του νεοαφιχθέντος προϊσταμένου του τμήματος, να σας ρωτήσει με χαμόγελο αν δεν το παρακάνατε λίγο με τη γαλοπούλα τα Χριστούγεννα. Ο Eric φαίνεται μάλλον φιλικός και ξέρετε ότι αστειεύεται, αλλά εξακολουθεί να είναι το αφεντικό σας και δεν τον γνωρίζετε αρκετά καλά για να του "ανταποδώσετε τη χάρη", οπότε απλώς χαμογελάτε και απαντάτε ότι μια μικρή δίαιτα δεν θα έβλαπτε.

- Τον τόνο που χρησιμοποιεί το άτομο στο οποίο μιλάτε

Μην ακούτε απλώς τι έχουν να πουν, αλλά δώστε μεγάλη προσοχή στον τόνο της φωνής τους. Είναι θυμωμένος ή θυμωμένη; Είναι θυμωμένος ή θυμωμένη μαζί σας προσωπικά ή με μια κατάσταση που δεν μπορείτε να βοηθήσετε; Σας πειράζει ευγενικά ή προσπαθεί σκληρά να σας πληγώσει; Σας επιτίθεται πραγματικά ή απλώς κάνει μια αθώα παρατήρηση που δεν αντιλαμβάνεται; Απαντώντας σε αυτές τις ερωτήσεις, θα είστε σε θέση να επιλέξετε καλύτερα τον τόνο με τον οποίο θα απαντήσετε. Αυτό θα σας αποτρέψει από το να αντιδράσετε υπερβολικά, κάτι που θα μπορούσε να εκληφθεί ως παράνοια ή έλλειψη αυτοπεποίθησης, και από το να επιτρέψετε να σας πατήσουν σε κοινή θέα, κάτι που θα έβλαπτε την αξιοπιστία σας.

<u>Ρύθμιση του σκηνικού</u>

Εκπαιδευμένοι ως ηλεκτρολόγοι, ο Marcel και ο Fabien συντηρούν τα ηλεκτρικά συστήματα των παλαιών σπιτιών. Αφού παρέχουν την αναμενόμενη υπηρεσία, παραδίδουν τον λογαριασμό στους αντίστοιχους πελάτες τους, οι οποίοι έχουν την ίδια αντίδραση: "Είναι τρελό το πώς αυξάνεται το κόστος ζωής. Πριν από δέκα χρόνια, ο συνάδελφός σας με χρέωσε τα διπλάσια! Ο Marcel γνέφει και χαμογελά: "Είναι αλήθεια... Ευτυχώς, δουλεύω διπλάσια σκληρά! Ο πελάτης ανταποδίδει το χαμόγελο και κρατάει τον αριθμό του Marcel. Ο Φαμπιέν, από την πλευρά του, αισθάνεται προσβεβλημένος από την παρατήρηση: "Με αποκαλείς κλέφτη, έτσι δεν είναι; "Όχι, με παρεξηγήσατε", απαντά ο πελάτης, ο οποίος σπεύδει να πληρώσει για να αποδείξει την καλή του πίστη. Ο Fabien φεύγει εκνευρισμένος, ενώ ο πελάτης, ζεματισμένος από την αντίδραση του Fabien, δεν θα τον ξαναεπισκεφθεί.

• Το πλαίσιο στο οποίο λαμβάνει χώρα η αλληλεπίδραση

Πρόκειται για μια ανεπίσημη συζήτηση μπροστά στη μηχανή του καφέ ή για μια σημαντική συνάντηση με όλους τους εργαζόμενους παρόντες; Είναι παρόντες πελάτες ή πρόκειται για εσωτερική συνάντηση; Μήπως η μέρα ήταν υπερβολικά δύσκολη για το άτομο με το οποίο μιλάτε, ίσως σε σημείο που να ξέρετε ότι δεν εννοεί αυτά που λέει; Υπάρχουν ορισμένες καταστάσεις στις οποίες το χιούμορ δεν ενδείκνυται και άλλες στις οποίες είναι ιδιαίτερα κατάλληλο, όπως ακριβώς υπάρχουν στιγμές που είναι καλύτερο να διατυπώσετε το θέμα με ευθύ τρόπο και άλλες που είναι καλύτερο να περάσετε το μήνυμά σας με έναν πιο διακριτικό τρόπο.

<u>Ρύθμιση του σκηνικού</u>

Η μέρα τελειώνει καθώς ο Paul βάζει τις τελευταίες πινελιές σε έναν φάκελο που θα έπρεπε να υποβληθεί την επόμενη μέρα. Ξαφνικά, ο Γιάννης, ο προϊστάμενός του, εισβάλλει στο γραφείο του για να τον επιπλήξει για την αργοπορία του, υποστηρίζοντας ότι θα έπρεπε να είχε τελειώσει τον φάκελο χθες (αν και του δόθηκε η εργασία μόλις σήμερα). Αλλά δεν συνηθίζει ο Τζον να φωνάζει στους υφισταμένους του, πόσο μάλλον χωρίς σοβαρό λόγο. Ο Πολ είναι έτοιμος να του πετάξει την μπάλα πίσω με τον ίδιο τόνο, όταν θυμάται ότι σήμερα το απόγευμα ο Τζον έπρεπε να δώσει αναφορά στο μεγάλο αφεντικό για την πρόοδο μιας πολύ πιο σημαντικής υπόθεσης. Και αν πιστέψουμε τις φήμες, η συνάντηση δεν πήγε καθόλου καλά. Ο Paul καταλαβαίνει καλύτερα τη διάθεση του συναδέλφου του και επιλέγει μια διαφορετική στρατηγική: εξηγεί ήρεμα ότι κατανοεί τον θυμό του, αλλά ότι δεν χρειάζεται να στρέφεται εναντίον του, ότι έλαβε τον φάκελο μόνο κατά τη διάρκεια της ημέρας και ότι έκανε ό,τι μπορούσε για να τον τελειώσει γρήγορα. Ο Τζον παραδέχεται το λάθος του και αμέσως ηρεμεί.

• Η προσωπικότητά σας

Αναπτύσσοντας τις αντιδράσεις σας, θα προσθέσετε νέα όπλα στο οπλοστάσιό σας και ίσως αλλάξετε την εικόνα σας στα μάτια κάποιων ανθρώπων, οι οποίοι θα παρατηρήσουν την εξέλιξή σας. Αυτό είναι αναπόφευκτο και όχι απαραίτητα κακό. Από την άλλη πλευρά, αποφύγετε να το παρακάνετε προσπαθώντας να παραστήσετε τον εαυτό σας ως κάποιον που δεν είστε. Για παράδειγμα, μην αρχίσετε ξαφνικά να κάνετε αστεία για τους χοντρούς, αν τα μισείτε και δεν έχετε γελάσει ποτέ πριν με αυτά. Ίσως να θέλετε να ξεκινήσετε με κάποιες μικρές, πονηρές παρατηρήσεις που ταιριάζουν περισσότερο με εσάς. Με την ίδια λογική, μην γίνετε ξαφνικά σκληρός τύπος αν πάντα είχατε έναν μαλακό χαρακτήρα. Να είστε πιο δυναμικοί και να μην αφήνετε να σας πιέζουν, χωρίς να απειλείτε τον αντίπαλό σας. Είναι στο χέρι σας να δείτε τι λειτουργεί καλύτερα για εσάς, με τι νιώθετε άνετα και με τι όχι. Για να είναι πιο αποτελεσματική μια αντιφώνηση, πρέπει να γίνεται με αυτοπεποίθηση και φυσικότητα. Δεν θα πείσετε κανέναν αν ακούγεστε σαν να προσπαθείτε πολύ.

Ρύθμιση του σκηνικού

Ο Peter δεν λέει ποτέ όχι, οπότε οι συνάδελφοί του έχουν συνηθίσει να του φορτώνουν πολλά από τα καθήκοντά τους χωρίς καν να το συνειδητοποιούν. Έτσι, όταν τελειώνει η μέρα, ο Πέτρος είναι εξαντλημένος από την ενασχόληση με τα μικρά προβλήματα των άλλων ανθρώπων καθώς και με τα δικά του. Ο Πέτρος σκέφτεται ότι μάλλον είναι πολύ καλός και ότι πρέπει να αλλάξει γνώμη. Μη γνωρίζοντας πώς να το κάνει αυτό, αλλά έχοντας καταλάβει ότι η ακραία καλοσύνη του ήταν η πηγή των προβλημάτων του, ο Πέτρος βλέπει την αντίθετη συμπεριφορά ως τη λύση σε όλα του τα προβλήματα. Πείθει τον εαυτό του ότι πρέπει να είναι ο κακός, αλλά οι πρώτες του προσπάθειες καταλήγουν σε αποτυχία. Αποτυγχάνει να δράσει σε πλήρη αντίθεση με την προσωπικότητα και τον χαρακτήρα του και δεν είναι πολύ πειστικός. Ο Πέτρος αισθάνεται γελοίος και σύντομα επιστρέφει στους παλιούς του τρόπους.

◉ ΜΕΡΙΚΕΣ ΔΙΑΣΗΜΕΣ ΡΗΣΕΙΣ

- Η Lady Astor (Βρετανίδα πολιτικός, 1879-1964), σε διαφωνία με τον Churchill (1874-1965) αναφωνεί: "Winston, αν ήμουν γυναίκα σου, θα έβαζα δηλητήριο στο ποτό σου! Η απάντηση του Τσόρτσιλ: "Λοιπόν, Νάνσι, αν ήμουν ο σύζυγός σου, θα το έπινα!

- Άλμπερτ Αϊνστάιν (1879-1955) προς τον Τσάρλι Τσάπλιν (1889-1977): "Αυτό που θαυμάζω περισσότερο στην τέχνη σας είναι η οικουμενικότητά της. Δεν λες λέξη, και όμως όλος ο κόσμος σε καταλαβαίνει. Αυτό είναι αλήθεια", απαντά ο Τσάπλιν. Αλλά η δόξα σας είναι ακόμη μεγαλύτερη: όλος ο κόσμος σας θαυμάζει, ενώ κανείς δεν σας καταλαβαίνει.

- Hardy, κωμικός, απευθυνόμενος στον σύντροφό του Laurel: "Μα άδειασες τελείως το ποτήρι. Υποτίθεται ότι θα το μοιραζόμασταν μισό-μισό. Η Laurel απαντά: "Δεν μπορούσα να κάνω αλλιώς, το μερίδιό μου ήταν στον πάτο".

ΟΙ ΣΩΣΤΕΣ ΣΥΜΠΕΡΙΦΟΡΕΣ

Δεν υπάρχει μια αλάνθαστη απάντηση σε όλες τις περιπτώσεις, αλλά είναι απαραίτητο να γνωρίζετε μερικά βασικά σημεία για να διασφαλίσετε ότι η ανταπόκρισή σας θα είναι αποτελεσματική. Έχοντας τα υπόψη σας, θα έχετε ήδη κάνει ένα μεγάλο βήμα προς τα εμπρός στο δρόμο για την κατάκτηση αυτής της πρακτικής.

Έχετε εμπιστοσύνη στον εαυτό σας

Όπως μόλις είδαμε, μια ατάκα είναι πολύ πιο πιθανό να πετύχει τον σκοπό της, αν αποδίδεται με αυτοπεποίθηση και σιγουριά. Η στάση σας είναι ουσιαστική, ίσως περισσότερο και από την ίδια την πρόταση. Γι' αυτό να έχετε αυτοπεποίθηση και να μη φοβάστε να αστοχήσετε. Κρατήστε το κεφάλι σας ψηλά, σηκωθείτε και κυνηγήστε το! Αν, όπως είπε ο Michel Audiard, ο μεγάλος άνδρας του γαλλικού κινηματογράφου, "ένας καθιστός διανοούμενος πάει πάντα λιγότερο μακριά από έναν κινούμενο ηλίθιο", μια κακή ατάκα που θα ειπωθεί με πεποίθηση θα έχει πάντα μεγαλύτερη βαρύτητα από μια καλή που θα ψελλιστεί με φόβο!

 **ΚΑΛΟ ΕΙΝΑΙ ΝΑ ΓΝΩΡΙΖΕΤΕ**

Να έχετε επίγνωση των δυνατών και αδύνατων σημείων σας. Η αποδοχή τους σας επιτρέπει να παίξετε μαζί τους, ιδίως μέσω του αυτοσαρκασμού, για να χτίσετε τις αρετές σας και να αντισταθμίσετε τις αδυναμίες σας.

Κρατήστε το χαλαρό

Ένας καλός διάλογος δεν πρέπει να δίνει την εντύπωση ότι ποντάρετε τη ζωή σας σε αυτόν. Μην παίρνετε τον εαυτό σας πολύ στα σοβαρά! Αν και συχνά αποκαλείται "αντίποινα", "αντιπαράθεση" ή "λεκτική επίθεση", μάθετε να βλέπετε αυτού του είδους την ανταλλαγή ως παιχνίδι και όχι ως πόλεμο. Χαλαρώστε, διασκεδάστε και πάνω απ' όλα: χαμογελάστε! Τι θα μπορούσε να είναι πιο αφοπλιστικό; Είναι η καλύτερη απόδειξη ότι τα δυσάρεστα πράγματα που μπορεί να σου πετάξουν στο πρόσωπο δεν σε επηρεάζουν, επειδή ξέρεις τι αξίζεις και δίνεις πολύ μεγαλύτερη αξία στην κρίση σου παρά σε εκείνη ενός άλλου ατόμου. Ως μπόνους, θα είστε πολύ πιο φυσικός και χαλαρός, και επομένως θα έχετε λιγότερα προβλήματα να βρείτε τις σωστές λέξεις για να εκφραστείτε.

Μείνετε αυθόρμητοι και κάντε ένα βήμα πίσω

"Ακριβώς εδώ έγκειται η δυσκολία", θα πείτε. Πράγματι, αυτό είναι που δημιουργεί τις περισσότερες φορές το πρόβλημα. Η σωστή απάντηση βρίσκεται συχνά... αλλά συνήθως λίγο αργά. Η λύση είναι απλή: σταματήστε να επικεντρώνεστε στην εύρεση της τέλειας απάντησης! Ακούστε προσεκτικά τον συνομιλητή σας, κατανοήστε την πρόθεση πίσω από αυτά που λέει και απαντήστε με φυσικό τρόπο.

Εστιάζοντας στο άλλο άτομο, στη στάση του, στον τόνο και στα λόγια του, δεν θα είστε πλέον επικεντρωμένοι στον εαυτό σας και θα αποκτήσετε κάποια απόσταση από την κατάσταση. Έτσι θα είστε καλύτερα σε θέση να αντιδράσετε αυθόρμητα χωρίς να παραλύετε από τα συναισθήματά σας. Δεν είναι τυχαίο ότι δεν σκέφτεστε την τέλεια απάντηση εν βρασμώ ψυχής, αλλά μάλλον αφού η ένταση έχει υποχωρήσει. Αυτό οφείλεται στο γεγονός ότι είχατε το χρόνο να κάνετε ένα βήμα πίσω και τα συναισθήματά σας έχουν ηρεμήσει και το μυαλό σας έχει αναλάβει τα ηνία. Ακόμα και αν δεν είναι προφανές, μια αποτελεσματική ανταπόκριση απαιτεί να αποστασιοποιηθείτε από τη συζήτηση που βρίσκεται σε εξέλιξη.

Δώστε προσοχή στη γλώσσα του σώματός σας

Μην *παραμελείτε* τη σημασία της γλώσσας του σώματος για την επιτυχία της ανταπόκρισής σας. Η στάση του σώματός σας και η γλώσσα του σώματός σας λένε περισσότερα για εσάς και την ψυχική σας κατάσταση απ' ό,τι νομίζετε, γι' αυτό δώστε ιδιαίτερη προσοχή, αλλιώς οι καλύτερες ατάκες σας θα πέσουν στο κενό. Ωστόσο, το να ζυγίζετε κάθε σας κίνηση δεν είναι προφανώς εφικτό ούτε καν συνιστάται (δεν θέλετε να μοιάζετε με ρομπότ!), και ακόμη και οι ίδιοι οι ειδικοί μερικές φορές δυσκολεύονται να συμφωνήσουν για το τι σημαίνει μια συγκεκριμένη χειρονομία. Ευτυχώς, όμως, υπάρχουν ορισμένες ενστικτώδεις σωματικές στάσεις και αντανακλαστικά που πρέπει να προσέχετε. Για παράδειγμα, το σταύρωμα των χεριών σας κατά τη διάρκεια μιας λεκτικής επίθεσης θα αποκαλύψει τη δυσφορία σας στο άλλο άτομο όσο και αν αρχίσετε να τραυλίζετε.

Αντ' αυτού, προσπαθήστε να υιοθετήσετε μια πιο ανοιχτή στάση: οι ώμοι να είναι φυσικά ίσιοι, τα χέρια στο πλάι και τα πόδια ανοιχτά. Αυτό θα σας κάνει να δείχνετε πιο σίγουροι. Αν δεν μπορείτε να το κάνετε αυτό, συνηθίστε να βάζετε τους αντίχειρές σας στις θηλιές του παντελονιού σας, έτσι ώστε να είστε σίγουροι ότι δεν σταυρώνετε τα χέρια σας και να κρατάτε πάντα ανοιχτή στάση! Με τον ίδιο τρόπο, δώστε προσοχή σε εκείνες τις χειρονομίες που μερικές φορές κάνετε χωρίς να το καταλαβαίνετε, αλλά που σας προδίδουν κάθε φορά:

- Αποφεύγετε το βλέμμα του άλλου όταν του λέτε ψέματα,

- να αγγίζετε τη μύτη σας όποτε αισθάνεστε άβολα,

- χτυπάτε το πόδι σας στο πάτωμα όταν είστε νευρικοί και αγχωμένοι,

- να τρώτε τα χείλη ή τα νύχια σας όταν είστε ανήσυχοι,

Δεν χρειάζεται να γίνετε ειδικός για να σταματήσετε να κάνετε αυτά τα επιζήμια λάθη. Το μόνο που χρειάζεται να κάνετε είναι να εντοπίσετε τις δικές σας συνήθειες και τα τικ σας και να εργαστείτε για την εξάλειψή τους ένα προς ένα.

ΚΟΡΥΦΑΙΕΣ ΣΥΜΒΟΥΛΕΣ

- **Ακούστε!** Αυτή είναι η καλύτερη συμβουλή που θα μπορούσατε να δώσετε. Για να ξέρετε τι και πώς να απαντήσετε σε αυτά που λέει ο άλλος, πρέπει πρώτα να έχετε κατανοήσει το μήνυμά του και να τον ακούσετε προσεκτικά. Όπως αναφέρθηκε προηγουμένως, πρέπει να δίνετε προσοχή όχι μόνο σε αυτά που λένε, αλλά και στον τόνο της φωνής τους, τη γλώσσα του σώματος, τις εκφράσεις τους κ.λπ. Τι μήνυμα προσπαθεί να μεταφέρει; Ποια είναι η πρόθεση πίσω από αυτό; Ποια είναι τα ελαττώματα στην ομιλία τους που θα μπορούσαν να αξιοποιηθούν προς όφελός σας; Τέλος, να είστε σε επιφυλακή για καλές λέξεις, καταστροφικό χιούμορ, έξυπνες φόρμουλες κ.λπ., είτε στην καθημερινή ζωή είτε στην τηλεόραση, τις ακούτε καθημερινά, οπότε γιατί να μην τις κάνετε δικές σας; Εξακολουθεί να είναι ο ευκολότερος τρόπος για να προσθέσετε στο οπλοστάσιό σας.

- **Εξάσκηση!** Δεν υπάρχουν θαύματα: η αίσθηση της αντιπαλότητας δεν πέφτει από τον ουρανό και δεν θα γίνετε ειδικός στις καυστικές ανταπαντήσεις και τις υπεκφυγές εν ριπή οφθαλμού. Όπως κάθε τι άλλο που μπορεί να μάθει κανείς, η εκμάθηση της αντιπαλότητας απαιτεί χρόνο, εξάσκηση και πρακτική. Γράψτε τις ατάκες που σας αρέσουν και διαβάστε τις ξανά μέχρι να ακουστούν φυσικές. Κάντε πρόβα μπροστά στον καθρέφτη αν χρειαστεί (κανείς δεν θα σας δει!) και δοκιμάστε τα σε πραγματικές συνθήκες. Αναλύστε τον αντίκτυπό τους, τι λειτούργησε και τι όχι. Στο ίδιο πνεύμα, αντί να αποφεύγετε τις συζητήσεις από φόβο μήπως φανείτε ηλίθιοι, συνηθίστε να συμμετέχετε σε αυτές. Αυτός είναι ο μόνος τρόπος για να προχωρήσετε βήμα προς βήμα. Το φοβάστε; Τίποτα δεν σας εμποδίζει να προχωρήσετε αργά, ξεκινώντας με τη συμμετοχή σε συζητήσεις όπου τα θέματα δεν έχουν μεγάλη σημασία και δεν είναι πολύ συναισθηματικά φορτισμένα. Τα τηλεοπτικά προγράμματα, τα αθλητικά γεγονότα ή οι τρέχουσες μόδες θα γίνουν ιδανικά πεδία εξάσκησης για να αρχίσετε να εκφράζετε τις απόψεις σας και να δοκιμάζετε τις ικανότητές σας. Σύντομα θα μάθετε ποιες φράσεις σας δίνουν πόντους, αλλά και ποιες όχι, ή πότε να υψώνετε τη φωνή σας και πότε να είστε πιο ψύχραιμοι και αποστασιοποιημένοι.

- **Εμπνευστείτε!** Ορισμένες κατηγορίες ανθρώπων είναι γνωστές για την αίσθηση της φόρμουλας, οπότε γιατί να μην εμπνευστείτε από αυτές; Οι επαγγελματίες της σκηνής, για παράδειγμα, έχουν επωφεληθεί από μαθήματα αυτοσχεδιασμού, αλλά και σκηνικής έκφρασης, τα οποία τους επιτρέπουν να επιβάλλονται σωματικά και να καταλαμβάνουν το χώρο με τρόπο που λίγοι άνθρωποι είναι ικανοί να κάνουν. Επιπλέον, είναι γενικά προικισμένες με μια σημαντική λογοτεχνική κουλτούρα στην οποία μπορούν να βασιστούν. Οι πολιτικοί, από την άλλη πλευρά, είναι γνωστό ότι ανταποδίδουν και απαντούν με τον ίδιο τρόπο στις διάφορες λεκτικές αιχμές που τους απευθύνονται. Είναι επίσης μάστορες στο να αποφεύγουν ερωτήσεις που μπορεί να τους φέρουν σε δύσκολη θέση. Καταβροχθίστε λοιπόν τις πολιτικές συζητήσεις και συνεντεύξεις χωρίς μέτρο και αξιοποιήστε τις στο έπακρο! Τέλος, ας μην ξεχνάμε ότι βρισκόμαστε στην εποχή των διάσημων τηλεοπτικών ελεύθερων σκοπευτών. Είτε πρόκειται για γνωστούς κριτικούς είτε για απλούς κωμικούς, είναι γνωστοί για το ότι επιστρατεύουν βαρύ πυροβολικό πιο γρήγορα από τη σκιά τους και δεν αφήνουν να τους πατήσουν.

 ## ΜΙΚΡΟ ΣΥΝ

Παρακολουθώντας τις παρεμβάσεις τους, μπορείτε να μελετήσετε ελεύθερα τη συμπεριφορά των "θυμάτων" που έχουν ορίσει. Αντέχουν; Είναι ίσοι; Αν ναι, πώς; Αν όχι, ποιες συμπεριφορές τους λείπουν;

- **Μην αφήνετε τα συναισθήματά σας να σας καταβάλλουν!** Αυτή είναι ίσως μια από τις πιο δύσκολες συμβουλές για την εφαρμογή της, αλλά και μια από τις πιο σημαντικές. Τι θα μπορούσε να είναι πιο ανθρώπινο από το να αντιδράτε συναισθηματικά σε αυτό που αντιλαμβάνεστε ως επίθεση ή προσωπική επίθεση; Αν αισθάνεστε έντονα για το θέμα, είναι ακόμη πιο δύσκολο να είστε αποστασιοποιημένοι. Ωστόσο, είναι επιτακτική ανάγκη να μάθετε να διατηρείτε την ψυχραιμία σας και να ελέγχετε τα νεύρα σας, διαφορετικά κινδυνεύετε να χάσετε τα νεύρα σας. Θυμηθείτε: δεν παίζετε με τη ζωή σας, οπότε μην πανικοβάλλεστε άσκοπα! Μόνο τότε θα είστε σε θέση να χρησιμοποιήσετε όλους τους πνευματικούς σας πόρους σε χρόνο ρεκόρ.

- **Δουλέψτε στη φυσική σας προσέγγιση!** Δεν μπορεί να ειπωθεί αρκετά: ο τρόπος με τον οποίο αποδίδετε μια ατάκα είναι τουλάχιστον εξίσου σημαντικός με την ίδια την ατάκα. Να θυμάστε ότι η φόρμα είναι το παν και ότι μια ατάκα δεν θα έχει τον ίδιο αντίκτυπο αν τη μουρμουρίζετε με το χέρι μπροστά από το στόμα σας, το πηγούνι στο στήθος σας και τα μάτια σας να κοιτάζουν αλλού, σαν να την λέγατε δυνατά, με τους ώμους σας ίσια, ένα χαμόγελο στο πρόσωπό σας και τα μάτια σας στα μάτια σας. Αυτή η γλώσσα του σώματος λέει περισσότερα για εσάς απ' ό,τι νομίζετε, και η έκβαση μιας συζήτησης συχνά εξαρτάται από αυτήν. Μη διστάσετε να παρακολουθήσετε μαθήματα υποκριτικής, δεν υπάρχει καλύτερο σχολείο για να ανακαλύψετε το σώμα σας και να μάθετε να το κάνετε πολύτιμο σύμμαχο.

- **Μην ξεκινάτε ηττημένοι!** Ποτέ δεν θα κερδίσετε μια λεκτική αντιπαράθεση αν είστε πεπεισμένοι ότι θα την χάσετε πριν καν παλέψετε. Ίσως έχετε ακούσει για τη συνήθεια των μεγάλων αθλητών και αθλητριών να φαντάζονται τον εαυτό τους να σηκώνει το τρόπαιο πριν καν αγωνιστούν; Αυτό ονομάζεται θετική αυτοπροτροπή ή θετική σκέψη: με το να φαντάζεστε τον εαυτό σας να πετυχαίνει, επαναλαμβάνοντας το στον εαυτό σας ξανά και ξανά σαν μάντρα, δημιουργείτε τη νοοτροπία του νικητή και έτσι τις προϋποθέσεις για επιτυχία. Εμπνευστείτε από αυτή τη μέθοδο και δημιουργήστε μια θετική νοητική εικόνα στην οποία θα απαντάτε με αυτοπεποίθηση και ψυχραιμία σε έναν μπερδεμένο συνεντευκτή. Οραματιζόμενοι τη σκηνή στο μυαλό σας με αυτόν τον τρόπο, θα νιώσετε πολύ πιο άνετα και με μεγαλύτερη αυτοπεποίθηση όταν η κατάσταση συμβεί στην πραγματικότητα.

 ## Η ΜΕΘΟΔΟΣ Coué

Ο Emile Coué (Γάλλος ψυχολόγος και φαρμακοποιός, 1857-1926) ανέπτυξε μια μέθοδο αυτοσυστασίας. Βασίζεται στην ιδέα ότι αν το μυαλό μας είναι πεπεισμένο ότι μπορούμε να πετύχουμε κάτι, τότε όλα είναι δυνατά. Το άτομο πρέπει να ενθαρρύνει τον εαυτό του επαναλαμβάνοντας θετικές φράσεις αρκετές φορές.

- **Μην παίρνετε τον εαυτό σας πολύ στα σοβαρά!** Να είστε χιουμοριστικοί και αυτοσαρκαστικοί, μάθετε να γελάτε με τον εαυτό σας. Αυτό θα σας κάνει πιο δυνατούς όταν πρόκειται να δεχτείτε την κριτική και την κοροϊδία, επειδή δεν θα σας φτάνουν. Και ποιος καλύτερος τρόπος για να αποσταθερο-ποιήσετε τον αντίπαλό σας από το να χρησιμοποιήσετε τα δικά του πυρομαχικά εναντίον σας, φροντίζοντας να τα εξου-δετερώσετε με ένα χαμόγελο; Είστε κοντύτερος από έναν από τους συναδέλφους σας και τους αρέσει να σας το επιση-μαίνουν αυτό; Πείτε του ότι κάνετε μια δουλειά που είναι αντιστρόφως ανάλογη με το μέγεθός σας. Σας επιτίθενται επειδή είστε υπέρβαροι; Απαντήστε με χαμόγελο ότι δεν μπορείτε ποτέ να αντισταθείτε στο καλό φαγητό του συντρό-φου σας! Μη διστάσετε να παίξετε με τα στερεότυπα. Σκεφτείτε εκείνους τους κωμικούς που προσθέτουν σκόπιμα ένα στρώμα σχετικά με την καταγωγή τους, το φύλο τους ή τη θρησκεία τους και τις προκαταλήψεις που προκύπτουν από αυτό. Ο Τζαμέλ Ντεμπούζ (κωμικός από ένα παρισινό προά-στιο και με καταγωγή από το Μαρόκο, γεννημένος το 1975) έχει χτίσει την κωμική του καριέρα πάνω σε κλισέ για τους νέους από συνοικίες και τη μετανάστευση, ενώ ο Αμερικανός σκηνοθέτης Γούντι Άλεν (γεννημένος το 1935) είναι ο πρώτος που γελάει με την υποτιθέμενη τσιγκουνιά των Εβραίων, αν και ο ίδιος είναι τσιγκούνης! Πώς μπορούμε να τους κοροϊ-δεύουμε όταν οι ίδιοι το κάνουν ήδη πολύ καλά;

 ## ΔΙΑΣΚΕΔΑΖΟΝΤΑΣ ΚΑΤΑ ΤΗΝ ΕΞΑΣΚΗΣΗ: ΤΟ ΤΑΚΑΤΤΑΚ

Αυτό το επιτραπέζιο παιχνίδι από τη Λιέγη, το οποίο επινό-ησαν οι Geneviève Smal και Sullivan Hismans, θα σας κάνει να εξασκήσετε την αίσθηση της ανταπόκρισης με παιχνιδιάρικο τρόπο. Σκοπός του παιχνιδιού είναι να απαντήσετε όσο το δυνατόν πιο γρήγορα σε μία από τις 52 κάρτες, που δείχνει ένα φτυάρι, ακολουθώντας μια ακριβή οδηγία: χρησιμοποιήστε αυτοσαρκασμό, πιρουέτα, αυθάδεια, αλήθεια ή κομπλιμέντο για την εκδοχή chrono- ρίμα, αλεξανδρινό, ψευδές απόσπασμα, χαϊκού ή την πρώτη λέξη για την έξυπνη εκδοχή.

Αναπτύξτε δεξιότητες για την αντιμετώπιση όλων των ειδών των προσωπικών και επαγγελματικών καταστάσεων!

ΓΕΝΝΗΘΗΚΑΜΕ ΜΕ ΤΗΝ "ΑΝΤΙΠΑΛΟΤΗΤΑ ΣΤΟ ΑΙΜΑ ΜΑΣ";

Κανείς δεν γεννιέται με την αίσθηση του αντιλόγου! Δεν είναι κάτι έμφυτο, που αποκτήθηκε από γενετική κληρονομιά ή από την παρέμβαση του Αγίου Πνεύματος- είναι κάτι που αποκτήθηκε και τελειοποιήθηκε με την εργασία, την έρευνα, τον πειραματισμό, την πρακτική, την αποτυχία και την επιτυχία. Κάποιοι άνθρωποι σίγουρα μεγάλωσαν και εξελίχθηκαν σε περιβάλλοντα που ευνοούν περισσότερο την ανάπτυξη αυτής της ικανότητας: οικογένεια διανοουμένων, φιλολογικές σπουδές, ιδιαίτερη έλξη για το χιούμορ κ.λπ. Αυτό δεν σημαίνει, ωστόσο, ότι δεν είναι σε θέση να αναπτύξουν αυτή την ικανότητα. Αυτό δεν σημαίνει, ωστόσο, ότι είναι οι μόνοι που μπορούν να αναπτύξουν αυτό το όπλο.

ΜΠΟΡΕΙ ΚΑΠΟΙΟΣ ΝΑ ΕΙΝΑΙ ΚΑΛΟΣ ΣΤΟ ΝΑ ΑΝΤΙΜΙΛΑΕΙ;

Ναι, ο καθένας μπορεί να μάθει να αναπτύσσει τις ικανότητές του στην αντιπαράθεση. Δεν έχει σημασία από πού έρχεστε, ποιος είστε ή πόσο καλά μορφωμένοι είστε, μπορείτε πάντα να βελτιωθείτε αν καταβάλλετε την απαραίτητη προσπάθεια και θέληση. Έτσι, δεν υπάρχει καμία δικαιολογία για να μην προσπαθήσετε τουλάχιστον να βελτιωθείτε!

ΠΟΙΑ ΕΙΝΑΙ Η ΔΙΑΦΟΡΑ ΜΕΤΑΞΥ ΕΝΟΣ ΚΑΛΟΥ ΚΑΙ ΕΝΟΣ ΚΑΚΟΥ ΑΝΤΙΛΟΓΟΥ;

Είναι απλώς το γεγονός ότι η μία επιτυγχάνει το στόχο της και η άλλη όχι. Δεν υπάρχει κάτι που να χαρακτηρίζεται από θεμελιωδώς καλή ή κακή ανταπόκριση, η επιτυχία της ανταπόκρισης είναι αυτή που καθορίζει τη μία ή την άλλη κατάσταση, και μπορεί να εξαρτάται από πολλούς παράγοντες: τη λειτουργία και την προσωπικότητα του συνομιλητή, τη διάθεσή του εκείνη τη στιγμή, το πλαίσιο στο οποίο λαμβάνει χώρα η αλληλεπίδραση κ.λπ. Έτσι, η ίδια ανταπόκριση μπορεί να είναι τόσο καλή όσο και κακή. Έτσι, η ίδια ανταπόκριση μπορεί να είναι τόσο καλή όσο και κακή.

ΠΟΙΕΣ ΣΥΜΠΕΡΙΦΟΡΕΣ ΠΡΕΠΕΙ ΝΑ ΥΙΟΘΕΤΗΣΩ ΓΙΑ ΝΑ ΕΞΑΣΦΑΛΙΣΩ ΤΙΣ ΜΕΓΙΣΤΕΣ ΠΙΘΑΝΟΤΗΤΕΣ ΕΠΙΤΥΧΙΑΣ;

Οι ακόλουθες συμπεριφορές διευκολύνουν μια επιτυχημένη ανταπόκριση.

- **Να έχετε αυτοπεποίθηση**: μια κακή ατάκα που θα ειπωθεί με πεποίθηση, στα μάτια, θα έχει πάντα περισσότερες πιθανότητες να πετύχει το στόχο της από μια καλή ατάκα που θα τραυλιστεί με σκυφτό βλέμμα. Σε μια λεκτική αντιπαράθεση, η μορφή μετράει πάντα τουλάχιστον όσο και η ουσία.

- **Χιούμορ**: η πρακτική του αυτοσαρκασμού σας επιτρέπει να απομακρυνθείτε από τον εαυτό σας και την κατάσταση και έτσι να την υποβαθμίσετε. Στερεί επίσης τον αντίπαλο από κάθε επιρροή που μπορεί να έχει στην κατάσταση. Τέλος, δίνοντας στην αντιπαράθεση μια μέτρια σημασία, θα αναγκάσετε το άλλο άτομο να χαμηλώσει τον τόνο του ή να κινδυνεύσει να φανεί υπερβολικό και αντιπαθητικό.

- **Απελευθέρωση**: αν σταματήσετε να προσπαθείτε να ελέγχετε τα πάντα προκειμένου να βρείτε την τέλεια απάντηση, οι απαντήσεις σας θα είναι πιο αυθόρμητες: θα είναι πιο φυσικές και, κατά συνέπεια, πιο ισχυρές. Το καλύτερο είναι ο εχθρός του καλού, οπότε μην σπάτε το κεφάλι σας ψάχνοντας για την τέλεια απάντηση, αλλιώς δεν θα είστε σε θέση να απαντήσετε σε τίποτα. Απλά ακούστε τι έχει να πει ο άλλος, χωρίς να ανησυχείτε πολύ για το πώς θα απαντήσετε, και στη συνέχεια προχωρήστε με αυτοπεποίθηση.

ΠΟΙΑ ΕΙΝΑΙ ΤΑ ΟΦΕΛΗ ΑΠΟ ΤΗΝ ΑΝΑΠΤΥΞΗ ΤΩΝ ΕΠΙΚΟΙΝΩΝΙΑΚΩΝ ΜΟΥ ΙΚΑΝΟΤΗΤΩΝ;

Τα δυνητικά οφέλη είναι πολλά:

- λιγότερη δυσκολία να δικαιολογήσετε μια καθυστέρηση ή ένα λάθος στον προϊστάμενό σας,

- περισσότερη ασφάλιση για τους πελάτες σας και, συνεπώς, περισσότερες συμβάσεις που κερδίζονται ή/και εξασφαλίζονται,

- πιο φυσικό κύρος με τους υπαλλήλους σας,

- μεγαλύτερη αυτοπεποίθηση στην έκφραση των ιδεών σας ή στην παρουσίαση των καρπών της εργασίας σας και, συνεπώς, καλύτερη εικόνα στην εταιρεία σας,

- περισσότερο θάρρος και αυτοπεποίθηση στις συνεντεύξεις για εργασία και, ως εκ τούτου, μεγαλύτερη επιτυχία με τους υπεύθυνους προσλήψεων,

- μεγαλύτερη ευχέρεια στην ομιλία και, επομένως, ευκολία στη δημόσια ομιλία,

- κ.λπ.

ΠΩΣ ΜΠΟΡΩ ΝΑ ΒΕΛΤΙΩΣΩ ΤΙΣ ΑΝΤΙΔΡΑΣΕΙΣ ΜΟΥ;

Υπάρχουν πολλοί τρόποι για να σημειωθεί πρόοδος σε αυτόν τον τομέα.

- **Να είστε προσεκτικοί και να ακούτε τον** συνομιλητή **σας:** τι λέει, το μήνυμά του, την ψυχική του κατάσταση, τις χειρονομίες του κ.λπ. Να είστε προσεκτικοί και να ακούτε τον συνομιλητή σας: τι λέει, το μήνυμά του, την ψυχική του κατάσταση, τις χειρονομίες του κ.λπ., προκειμένου να εντοπίσετε τυχόν ατέλειες στο λόγο του, αλλά και για να αποφύγετε να επικεντρωθείτε υπερβολικά στα συναισθήματα και τα αισθήματά σας.

- **Εξασκηθείτε ξανά και ξανά:** γράψτε και επαναλάβετε μπροστά στον καθρέφτη σας τις λέξεις και τις εκφράσεις που έχετε ακούσει και σας έχουν αρέσει, μέχρι να τις "αποκτήσετε". Επιπλέον, λάβετε μέρος σε όσο το δυνατόν περισσότερες συζητήσεις και αντιπαραθέσεις και διευρύνετε το λεξιλόγιό σας.

- **Εμπνευστείτε από τους ειδικούς του χώρου:** επαγγελματίες της σκηνής, πολιτικούς, ανθρώπους των μέσων ενημέρωσης, σπουδαίους συγγραφείς, συγγραφείς κινηματογραφικών διαλόγων κ.λπ.

- **Δώστε προσοχή στη σωματική σας στάση και δουλέψτε πάνω σ' αυτήν, αν χρειαστεί:** τη στάση του σώματος, τις χειρονομίες, τον τόνο της φωνής, τις εκφράσεις του προσώπου σας κ.λπ., τα οποία μπορούν να μεταδώσουν θετικές ή αρνητικές πληροφορίες για εσάς και να επηρεάσουν τον αντίκτυπο της ομιλίας σας.

- **Ξεκινήστε με αυτοπεποίθηση και ασφάλεια:** οραματιζόμενοι τη σκηνή και φανταζόμενοι τον εαυτό σας ως νικητή, αυξάνετε τις πιθανότητες επιτυχίας **σας.**

- **Αναπτύξτε την αίσθηση του χιούμορ και του αυτοσαρκασμού:** γελάστε με τα κόμπλεξ σας, την εμφάνισή σας, τα χαρακτηριστικά της προσωπικότητάς σας ή τα στερεότυπα που συνδέονται με την καταγωγή σας, το φύλο ή τη θρησκεία σας.

ΕΝΑΣ ΣΥΝΑΔΕΛΦΟΣ ΜΕ ΠΕΙΡΑΖΕΙ ΣΥΧΝΑ ΓΙΑ ΤΗΝ ΕΜΦΑΝΙΣΗ ΜΟΥ, ΠΩΣ ΜΠΟΡΩ ΝΑ ΑΠΑΝΤΗΣΩ;

Το πρώτο πράγμα που πρέπει να κάνετε είναι να μην δίνετε μεγάλη σημασία σε αυτά που λέει, τα οποία είναι δικά του. Επιπλέον, μπορεί απλώς να προσπαθεί να σας αποσταθεροποιήσει και, αφού δεν βρήκε τίποτα κακό στην ποιότητα της δουλειάς σας, να δοκιμάζει μια άλλη προσέγγιση. Αντιδρώντας αρνητικά και απαντώντας επιθετικά, παίζετε στα χέρια του και του δείχνετε ότι αυτά που λέει σας πληγώνουν. Αντ' αυτού, ακολουθήστε την αντίθετη προσέγγιση: γελάστε και αντεπιτεθείτε με αστείο τρόπο. Δεν έχετε κανέναν λόγο να ντρέπεστε για αυτό που είστε, οπότε γιατί να συμπεριφέρεστε σαν να ντρέπεστε;

Μάθετε να παίζετε με τα στερεότυπα και να τα στρέφετε προς όφελός σας όταν είναι δυνατόν. Μήπως ένας νέος συνάδελφος προσπαθεί να τραβήξει την προσοχή σας κοροϊδεύοντας τη μέση σας; Πείτε του ότι έχετε φάει τους προκατόχους του και ότι η σειρά του θα έρθει αρκετά σύντομα. Σε πειράζει για τα δήθεν μεγάλα σου αυτιά; Πείτε του ότι το μόνο που λυπάστε είναι ότι πρέπει να ακούτε όλες τις ανοησίες του. Υπάρχουν πολλές δυνατότητες, αλλά η αρχή παραμένει η ίδια: μην ντρέπεστε για αυτό που είστε, μην προσπαθείτε να κρύψετε τα ελαττώματά σας, αλλά αντιμετωπίστε τα με χιούμορ και χρησιμοποιήστε τα για να πειράξετε και τους άλλους με τη σειρά σας!

ΠΩΣ ΜΠΟΡΩ ΝΑ ΑΠΑΝΤΗΣΩ ΣΤΟ ΑΦΕΝΤΙΚΟ ΜΟΥ ΧΩΡΙΣ ΝΑ ΔΙΑΚΙΝΔΥΝΕΥΣΩ ΝΑ ΤΟΝ ΑΠΟΞΕΝΩΣΩ;

Αν δεν είναι εύκολο να διεκδικήσετε τον εαυτό σας μπροστά σε έναν συνάδελφο, τα πράγματα είναι ακόμη πιο περίπλοκα όταν πρόκειται για έναν προϊστάμενο που έχει τη δύναμη να κάνει την επαγγελματική σας ζωή κόλαση ή ακόμη και να σας πετάξει έξω. Για άλλη μια φορά, δεν υπάρχει σωστός ή λάθος τρόπος αντίδρασης σε τέτοιου είδους καταστάσεις. Ωστόσο, υπάρχουν μερικά πράγματα που μπορείτε να κάνετε και μερικά πράγματα που μπορείτε να αφήσετε στην ησυχία τους. Για παράδειγμα, μην αντιδράτε υπερβολικά, μην θυμώνετε και μην απαντάτε ποτέ επιθετικά. Αντί να ρίχνετε λάδι στη φωτιά, με κίνδυνο να ξεκινήσετε μια φωτιά που δεν θα μπορέσετε να σβήσετε, αναζητήστε μια απάντηση που θα ηρεμήσει την κατάσταση και θα χαλαρώσει τις εντάσεις.

Όπως θα έχετε καταλάβει, η χρήση του χιούμορ συνιστάται ιδιαίτερα εδώ. Προσοχή, η ιδέα δεν είναι να κοροϊδέψετε αυτό που λέει ο συνομιλητής σας (θα τροφοδοτούσατε μόνο τον θυμό του), αλλά να υποβαθμίσετε την κατάσταση παίζοντας το χαρτί του αυτοσαρκασμού.

ΑΠΟ ΕΣΑΣ ΕΞΑΡΤΑΤΑΙ!

Όπως είδαμε, δυστυχώς δεν υπάρχει εξαντλητικός κατάλογος "μαγικών" ατάκες που μπορείτε απλώς να μάθετε απ' έξω και να απαγγείλετε όταν έρθει η ώρα. Η καλή ατάκα της μίας ημέρας μπορεί να μην είναι η καλή ατάκα της επόμενης ημέρας, η ανταπάντηση που καρφώνει τα χείλη του συναδέλφου σας μπορεί να μην προβληματίσει το αφεντικό σας, και εκείνο το καλό αστείο που πάντα κάνει τους πάντες να γελούν όταν το λέει εμφατικά ο φίλος σας μπορεί να είναι μια μνημειώδης αποτυχία στο στόμα σας.

Για να βρείτε το δικό σας στυλ, θα πρέπει να πειραματιστείτε πολύ και να δείτε μόνοι σας τι σας ταιριάζει καλύτερα, τι όχι και κάτω από ποιες συνθήκες.

- Είστε ηττοπαθής;

Αυτή η στάση δεν θα σας βοηθήσει, γι' αυτό βασιστείτε στην αυτοσυσχέτιση και τον οραματισμό. Την επόμενη φορά που θα πρέπει να κάνετε μια παρουσίαση σε σημαντικούς πελάτες ή να προεδρεύσετε μιας σύσκεψης, χρησιμοποιήστε τις προηγούμενες ημέρες για να προσπαθήσετε να εφαρμόσετε αυτές τις συμβουλές στην πράξη. Χρησιμοποιήστε τον ελεύθερο χρόνο κατά τη διάρκεια της ημέρας για να παίξετε τη σκηνή στο μυαλό σας και να τη μετατρέψετε προς όφελός σας. Φανταστείτε τον εαυτό σας ως ένα άτομο με αυτοπεποίθηση και αυτοπεποίθηση, έτοιμο να απαντήσει σε οποιαδήποτε αμήχανη ερώτηση στο λεπτό. Επαναλάβετε στον εαυτό σας σαν μάντρα ότι θα τα πάτε περίφημα. Αντί να εστιάζετε στις αποτυχίες σας, κάντε μια λίστα με τις μεγαλύτερες επιτυχίες σας. Διαβάζοντάς το καθημερινά, θα πιστεύετε περισσότερο στις ικανότητές σας και έτσι θα δημιουργήσετε τις ιδανικές συνθήκες για επιτυχία.

- Έχετε πολλές ατάκες που ξέρετε ότι είναι ξεκαρδιστικές αλλά ποτέ δεν κάνετε κανέναν να γελάσει;

Το πρόβλημα είναι μάλλον στον τρόπο που τα λέτε, δουλέψτε πάνω σε αυτό για να βελτιωθείτε. Εμπνευστείτε από τους μεγάλους μετρ του καυστικού χιούμορ, παρακολουθήστε τις εκπομπές και τις τηλεοπτικές τους εμφανίσεις. Προσέξτε προσεκτικά τον τονισμό τους, τη γλώσσα του σώματος, τη χρήση της σιωπής κ.λπ. και, στη συνέχεια, εξασκηθείτε στο να κάνετε το ίδιο. Στη συνέχεια, εξασκηθείτε να κάνετε το ίδιο. Μη διστάσετε να κάνετε πρόβα μπροστά στον καθρέφτη σας ή, ακόμα καλύτερα, να ηχογραφήσετε τον εαυτό σας για να μπορείτε να τον ακούσετε μετά. Αυτή η άσκηση αποστασιοποίησης από τους άλλους μπορεί να είναι ιδιαίτερα χρήσιμη, επειδή συχνά έχουμε μια λανθασμένη ιδέα για το πώς μας ακούνε οι άλλοι.

- Αντιθέτως, έχετε δυνατή φωνή και διαπεραστικό βλέμμα, αλλά δεν έχετε τα λόγια για να υπερασπιστείτε αποτελεσματικά τον εαυτό σας;

Τώρα ξέρετε από πού να εμπνευστείτε και πώς να προσθέσετε στο ρεπερτόριό σας. Βάλτε ως αρχικό στόχο να διαβάζετε έναν ορισμένο αριθμό βιβλίων το μήνα ή να ενδιαφέρεστε λίγο περισσότερο για τις διάφορες εκπομπές στην τηλεόραση.

- Τέλος, υπάρχει ένα διασκεδαστικό παιχνίδι που μπορείτε να παίξετε αν θέλετε να βελτιώσετε τις ικανότητές σας στην αντιπαράθεση, ανεξάρτητα από το αρχικό σας επίπεδο.

Ανοίξτε τυχαία ένα λεξικό και πάρτε την πρώτη λέξη που θα βρείτε. Διαβάστε τον ορισμό, πάρτε ένα μολύβι και ένα χαρτί και δώστε στον εαυτό σας δέκα λεπτά για να γράψετε όλα όσα σας φέρνει στο μυαλό αυτή η λέξη. Όταν τελειώσει ο χρόνος, οργανώστε τις σημειώσεις σας έτσι ώστε να βγάζετε όσο το δυνατόν περισσότερο νόημα, ακόμη και αν δεν είναι πολύ ενδιαφέρον. Στη συνέχεια, επανεκκινήστε το χρονόμετρο και προσπαθήστε να υπερασπιστείτε προφορικά αυτή την ομιλία μέχρι να μην έχετε τίποτα άλλο να πείτε. Σταδιακά θα νιώθετε όλο και πιο άνετα, θα μπορείτε να δομείτε γρήγορα τις ιδέες σας και θα μπορείτε να συζητάτε πολλά διαφορετικά θέματα.

Εσείς είστε ο πιο πιθανός να γνωρίζετε ποια είναι τα ελαττώματα και οι ελλείψεις σας, οπότε εντοπίστε τα και εφαρμόστε τις αντίστοιχες συμβουλές που αναφέρονται σε αυτό το κείμενο. Θα γίνετε μόνο καλύτεροι!

ΓΙΑ ΝΑ ΠΡΟΧΩΡΗΣΕΤΕ ΠΕΡΑΙΤΕΡΩ

ΒΙΒΛΙΟΓΡΑΦΙΚΕΣ ΠΗΓΕΣ

"Have a good repartee, you can do it too", στο *Placedesreseaux. com*, 2010, πρόσβαση στις 8 Αυγούστου 2015.

http://www.placedesreseaux.com/Dossiers/reseau-relationnel/avoir-de-la-repartie-1.html

CAVELIER (Yvon), "How to always have ideas on any subject and never miss opportunities again", στο *Copywriting-Pratique. com*, 2012, πρόσβαση στις 8 Αυγούστου 2015.

http://www.copywriting-pratique.com/comment-avoir-toujours-des-idees-sur-n-importe-quel-sujet-et-ne-plus-jamais-louper-d-opportunites/

CHAUDEAU (Céline), "Comment avoir de la répartie en entretien d'embauche?", στο *Keljob.com*, 2013, πρόσβαση στις 8 Αυγούστου 2015.

http://www.keljob.com/editorial/chercher-un-emploi/entretien-dembauche/detail/article/comment-avoir-de-la-repartie-en-entretien-d-embauche.html

DENIS (Séverine), *Avoir de la répartie en toutes circonstances*, Παρίσι, Eyrolles, 2009.

DIMIER (Jean-Charles), "5 tips for successful repartee!", στο *Succesrama.com*, πρόσβαση στις 8 Αυγούστου 2015.

http://www.succesrama.com/5-astuces-pour-avoir-de-la-repartie-avec-succes/

Le Quintrec (Florent), "Améliorer sa répartie", στο *Journaldunet. com*, 2008, πρόσβαση στις 8 Αυγούστου 2015.

http://www.journaldunet.com/management/efficacite-personnelle/conseil/ameliorer-sa-repartie/ameliorer-sa-repartie.shtml

Luc (Danièle), "L'esprit de répartie: en avoir ou pas", στο *Psychologie.com*, 2001, πρόσβαση στις 8 Αυγούστου 2015.

http://www.psychologies.com/Moi/Se-connaitre/Personnalite/Articles-et-Dossiers/L-esprit-de-repartie-en-avoir-ou-pas

Martin (Jean-Claude), *Comment avoir le dernier mot: développez votre sensre de la répartie pour toujours répondre du tac au tac!* Παρίσι, Leduc.s éditions, 2011.

"Ιστορικά αντίγραφα", στο *Reparties.co.uk*, πρόσβαση στις 8 Αυγούστου 2015.

http://www.reparties.fr/la-repartie-et-lhistoire

ΠΡΟΣΘΕΤΕΣ ΠΗΓΕΣ

Nölke (Mathias), Η τέχνη της αντιλογίας. Μην λέτε: "Έπρεπε να είχα απαντήσει σε αυτό", Βρυξέλλες, εκδόσεις Ixelles, 2011.

MASLOW'S HIERARCHY OF NEEDS
Personal accomplishment
Esteem
Belonging
Security
Physiologic
THE SWOT ANALYSIS
Strengths
Weaknesses
SWOT
Opportunities
Threats

Κύριο ISBN: 9782808664363
ISBN: 9782808671781
Νόμιμη κατάθεση: D/2023/12603/500

Ψηφιακός σχεδιασμός: Primento,
ο ψηφιακός συνεργάτης των εκδοτών.